Automatize sua Renda com IA

Configure Sistemas em Piloto Automático que Ganham Dinheiro 24 Horas por Dia, 7 Dias por Semana Usando Fluxos de Trabalho Inteligentes com IA

Por Joe Correa

Publicado por Live Stronger Faster

Primeira Edição

Sumário

Introdução 4

Capítulo 1: Identificando Fontes de Renda que Podem Ser Automatizadas 10

Capítulo 2: Construindo sua Pilha de Ferramentas de IA (Sem Necessidade de Programação) 17

Capítulo 3: Automação de Conteúdo — Blogs, E-mails, Publicações em Redes Sociais e Muito Mais 25

Capítulo 4: Automação de Funis de Vendas Usando IA 32

Capítulo 5: Bots de Atendimento ao Cliente e Sistemas de CRM 39

Capítulo 6: Fluxos de Trabalho Inteligentes com IA para Produtos Digitais 47

Capítulo 7: Monitoramento, Testes e Otimização de Sistemas com IA 55

Capítulo 8: Escalar — Multiplicar e Diversificar Sua Renda com IA 62

Capítulo 9: Evitando o Esgotamento — Deixe a IA Ser Seu Funcionário Virtual 70

Capítulo 10: A Visão de Longo Prazo — Construindo Sistemas que Duram 78

Capítulo 11: O Que Acontece Agora 85

Introdução

Imagine isto. Você acorda às 7 da manhã e pega o celular para verificar suas notificações. Durante a noite, enquanto você dormia, ganhou **$263,42** provenientes de três fontes diferentes:

Um produto digital vendido por meio de um funil que funciona no piloto automático.
Uma comissão de afiliado gerada por um e-mail escrito por IA.
Um vídeo sem rosto que trouxe tráfego e levou alguém a assinar uma assinatura.

Isso não é ficção. Não é exagero de marketing. É a realidade de pessoas comuns que decidiram parar de trabalhar mais duro e começaram a trabalhar de forma mais inteligente usando automação com inteligência artificial para construir sistemas de renda.

A pergunta já não é mais **"Isso é possível?"**
A verdadeira pergunta é: **Você será uma das pessoas que fará isso antes que o mercado fique saturado?**

Estamos apenas no início de algo enorme.

Por Que Você Precisa Aprender Isso Agora

A Inteligência Artificial está reescrevendo as regras dos negócios, da criação de conteúdo, do marketing e até do atendimento ao cliente. A cada dia, mais pessoas percebem que a IA pode:

Escrever artigos
Criar vídeos
Construir páginas de vendas
Enviar e-mails de acompanhamento
Qualificar leads
Responder tickets de suporte
Monitorar desempenho e otimizar campanhas

No passado, você precisaria de uma equipe, um grande orçamento e meses de desenvolvimento para fazer tudo isso. Hoje, tudo o que você precisa é de um **fluxo de trabalho inteligente**, das **ferramentas de IA certas** — e deste livro para guiá-lo.

Seja você um empreendedor iniciante, criador de conteúdo, vendedor de cursos ou freelancer, agora tem acesso a **superpoderes que antes pertenciam apenas a grandes empresas**.

E, diferente de muitas tendências, **esta veio para ficar**.

A Revolução da IA Nivelou o Campo de Jogo

A IA não se importa se:

Você nunca administrou um negócio.
Você não tem habilidades de design ou programação.
O inglês não é sua primeira língua.
Você só tem 2 horas por dia para trabalhar.

Na verdade, muitos dos empreendedores mais bem-sucedidos que usam IA hoje se encaixam em uma ou mais dessas categorias. Por quê? Porque **a IA não discrimina**. Ela funciona para qualquer pessoa que saiba como utilizá-la.

Você não está mais limitado pela quantidade de tempo que pode trocar por dinheiro.

Agora tudo gira em torno de:

Quantos sistemas você consegue construir que funcionem sem você.

Você não precisa largar seu emprego ou assumir grandes riscos. Basta seguir um plano para começar a construir fluxos de renda automatizados — um por um — até que seu tempo realmente passe a ser seu.

O Que Você Vai Aprender Neste Livro

Este livro foi projetado para levá-lo **da ideia à execução** — sem enrolação, sem jargões e sem perda de tempo.

Cada capítulo é dividido em duas partes:

Plano Instrucional – um guia passo a passo sobre o que fazer, quais ferramentas usar e como configurar tudo.
História do Mundo Real – um exemplo poderoso de alguém (muitas vezes fictício, às vezes baseado em empreendedores reais de IA) que usou exatamente os passos daquele capítulo para construir renda real.

Você aprenderá a:

Escolher o tipo certo de produto digital ou fonte de renda
Construir fluxos de trabalho simples com IA para automatizar criação, promoção e entrega
Configurar funis de vendas, sequências de e-mail e bots de atendimento ao cliente
Monitorar e otimizar seus sistemas usando ferramentas gratuitas ou de baixo custo
Escalar sua renda automatizada ao longo do tempo sem esgotamento

Ao final, você terá um caminho claro para lançar **seu próprio negócio automatizado com IA**, mesmo começando do zero.

O Volante de Automação de Renda com IA

Um dos princípios mais importantes que você descobrirá é o **Volante de Renda com IA**:

Criar ou licenciar um produto digital (ebook, curso, template ou ferramenta)
Usar IA para automatizar a promoção (redes sociais, anúncios, SEO e e-mails)
Automatizar o processo de venda e entrega
Analisar os resultados e permitir que as ferramentas de IA sugiram melhorias
Duplicar o sistema em um novo nicho ou com uma nova oferta

Isso cria um ciclo que se fortalece ao longo do tempo.

Um produto pode gerar **$5 por dia**. Outro **$30 por dia**. Com o tempo, você terá um portfólio de sistemas de renda funcionando **24 horas por dia, 7 dias por semana** – sem depender de você.

Sua Jornada de Renda com IA Começa Aqui

Você não precisa se tornar um especialista em IA. Não precisa de uma equipe. Tudo o que precisa é da disposição de seguir instruções, testar o que funciona e construir uma vez para receber repetidamente.

Este livro é o seu **mapa**.
A IA é o seu **motor**.
Os resultados dependerão de você.

Então, seja qual for o seu objetivo:

Sair do emprego das 9 às 5
Passar mais tempo com sua família
Viajar pelo mundo
Ou simplesmente ganhar o suficiente para dormir tranquilo à noite...

Saiba de uma coisa:

Você está segurando o plano para desbloquear tudo isso.

Vamos começar.

Capítulo 1: Identificando Fontes de Renda que Podem Ser Automatizadas

Começar com a **fonte de renda correta** é uma das decisões mais importantes que você tomará ao construir sistemas de renda com inteligência artificial. Antes de mergulhar na criação de fluxos de trabalho com IA, automatizar anúncios ou configurar funis de vendas passivos, existe uma escolha fundamental que determinará seu sucesso ou fracasso: escolher o modelo de renda certo. Nem todos os modelos de negócio são iguais quando o objetivo é automação. O ideal é construir sistemas em torno de ofertas que não exijam cumprimento constante de tarefas, não dependam de estoque físico, possam ser entregues digitalmente, não precisem de uma equipe para escalar, funcionem globalmente 24 horas por dia e tenham valor repetível ou cumulativo ao longo do tempo. A inteligência artificial funciona melhor quando impulsiona produtos e serviços digitais que podem ser criados, promovidos e entregues com mínima participação humana.

Existem algumas categorias de renda altamente eficazes quando o objetivo é automatização. Uma das mais populares é a de **produtos digitais**, como ebooks, templates, guias, cursos online, aulas em vídeo, checklists, planners, planilhas ou kits completos de ferramentas. Esses produtos funcionam extremamente bem porque podem ser criados uma única vez e vendidos indefinidamente. A IA pode ajudar a gerar conteúdo, formatar o material, criar o design e até auxiliar na publicação. Outra categoria poderosa é o **marketing de afiliados**, onde você promove ferramentas, plataformas ou softwares e recebe uma comissão por cada venda realizada através de seu link. A inteligência artificial pode criar artigos, vídeos e e-mails promocionais automaticamente, permitindo que a promoção aconteça de forma contínua enquanto você recebe comissões por produtos de outras pessoas.

Outra opção popular é o **print-on-demand**, que inclui camisetas, canecas, cadernos, posters ou outros produtos criados a partir de artes geradas por IA. Esses itens podem ser vendidos em plataformas como Redbubble, Merch by Amazon ou Printful, sem necessidade de manter estoque. A IA pode gerar as ideias de design e os elementos visuais. Os **canais faceless no YouTube ou vídeos curtos** também são altamente escaláveis. Nesse modelo, a inteligência artificial escreve roteiros, cria narrações com voz sintética e edita clipes de vídeo automaticamente. Esses conteúdos podem ser monetizados com anúncios, links de afiliados ou produtos digitais. Outra alternativa é oferecer **serviços freelance combinados com IA**, onde a inteligência artificial executa grande parte do trabalho, como redação de blogs, criação de design, legendas ou anúncios, enquanto você entrega os resultados aos clientes. Com o tempo, muitos desses serviços podem ser automatizados ou delegados.

Ao escolher sua fonte de renda, é importante fazer algumas perguntas essenciais. Primeiro, verifique se é algo que as pessoas já compram online. Em seguida, confirme se o produto pode ser entregue digitalmente ou sem necessidade de estoque. Pergunte também se você consegue construir e automatizar o sistema usando ferramentas de IA em menos de trinta dias. Por fim, avalie se esse modelo pode gerar pelo menos dez a cem dólares por dia quando estiver escalado. O mais importante é começar com apenas uma fonte de renda. Muitas pessoas cometem o erro de tentar automatizar vários negócios ao mesmo tempo. Em vez disso, construa uma base sólida com um único sistema e, quando ele estiver funcionando sozinho, adicione novas fontes.

Um exemplo simples para iniciantes é criar um **sistema de produto digital usando IA**. Nesse modelo, você pode produzir um pequeno ebook ou workbook com o ChatGPT, criar o design utilizando templates do Canva e gerar a capa com ferramentas de inteligência artificial. O produto pode ser vendido em plataformas como Gumroad, Payhip ou Etsy. Para gerar tráfego, você pode usar posts criados por IA no Pinterest, Instagram Reels ou YouTube Shorts. O funil pode ser simples: um formulário de captura de e-mail, seguido por uma sequência automatizada de mensagens e, por fim, a venda do produto. Com esse sistema, é possível transformar uma ideia em renda em menos de dez dias, e depois permitir que o processo funcione automaticamente sem exigir esforço diário.

Ao construir esse tipo de negócio, é fundamental adotar uma mudança de mentalidade importante. A maioria das pessoas pensa em renda perguntando “o que posso fazer para ganhar dinheiro?”. Empreendedores que usam IA pensam de forma diferente. Eles perguntam: “o que posso criar uma única vez que continue me pagando repetidamente?”. Cada sistema automatizado se torna um ativo digital que trabalha para você, um mecanismo que cresce quanto mais tráfego recebe e um modelo que pode ser testado e aprimorado ao longo do tempo. O objetivo não é usar IA apenas para economizar tempo, mas para substituir sua participação direta em tantas etapas quanto possível. É assim que se conquista verdadeira liberdade de tempo.

Ao validar sua fonte de renda com IA, lembre-se de seguir alguns princípios simples. Escolha um modelo que entregue valor digitalmente. Certifique-se de que existe demanda observando tendências, pesquisas online e marketplaces. Use ferramentas de IA para criar, promover e entregar seu produto ou oferta. Estabeleça uma meta inicial, como gerar entre dez e cem dólares por dia com um único sistema antes de expandir.

E, acima de tudo, construa sistemas repetíveis em vez de depender de resultados isolados.

A história de Marcus mostra como esse processo pode acontecer na prática. Marcus trabalhava limpando os corredores de um prédio comercial no centro da cidade quando ouviu uma conversa que mudaria sua vida. Dois funcionários de tecnologia estavam comentando no elevador que alguém havia ganhado oito mil dólares em um único mês vendendo um template do Notion totalmente automatizado. Um deles explicou que a pessoa havia usado inteligência artificial para criar o produto, configurado uma página no Gumroad e criado um funil de e-mail com ajuda da IA. Marcus não fazia ideia do que era Notion ou Gumroad, mas sabia que queria mudar de vida.

Aos 39 anos, Marcus era inteligente e trabalhador, mas estava exausto. Passara anos trabalhando em empregos que exigiam muito e pagavam apenas o suficiente para sobreviver. Naquela noite, ele começou a assistir vídeos no YouTube e ler discussões em fóruns online sobre renda digital. Em poucas horas, percebeu que poderia criar produtos digitais usando ferramentas de IA. Ele escolheu um nicho que conhecia bem: treinos de academia em casa com baixo orçamento. Com a ajuda do ChatGPT, criou um plano de exercícios de trinta dias, um checklist diário e um PDF formatado no Canva com uma capa gerada por IA. Ele colocou o produto à venda no Gumroad por nove dólares.

Na primeira semana, nada aconteceu. Mas uma noite, enquanto assistia televisão, seu celular vibrou com uma notificação: ele havia feito sua primeira venda. Não era o valor que o deixou animado, mas a prova de que o sistema funcionava. No dia seguinte, ele criou mais produtos: um guia de refeições, um pacote promocional, uma sequência de e-mails automatizada escrita pelo ChatGPT e uma conta no Instagram com conteúdo gerado por IA programado para um mês inteiro. Em trinta dias, ele havia ganhado trezentos e setenta e nove dólares. No mês seguinte, mais de seiscentos. Depois, mais de mil.

Com o tempo, Marcus deixou de pensar apenas em produtos e começou a pensar em **sistemas de renda**. Ele percebeu que podia repetir o mesmo processo: escolher um nicho, gerar conteúdo com IA, criar o design, publicar o produto, automatizar a promoção e melhorar os resultados com base nos dados. Em seis meses, ele tinha sete produtos em três nichos diferentes — fitness, finanças pessoais e parentalidade. Ele não se tornou viral nem milionário, mas atingiu três mil dólares por mês, grande parte gerada automaticamente.

Um ano depois, Marcus estava tomando café em Lisboa,

olhando para o oceano da varanda de seu apartamento. Ele verificou seu painel de vendas e viu cento e vinte e seis dólares em vendas de produtos digitais durante a noite, quarenta e um dólares em comissões de afiliados e dezoito dólares de um caderno vendido em uma loja print-on-demand. Ele abriu o laptop, não porque precisava trabalhar, mas porque queria construir seu próximo sistema.

A história de Marcus não é apenas inspiradora, é instrutiva. Ele não tinha diploma, conexões ou experiência em tecnologia. Mas escolheu a fonte de renda automatizável correta, utilizou ferramentas de IA gratuitas e construiu um ativo digital de cada vez. Mais importante ainda, ele fez algo que a maioria das pessoas nunca faz: ele terminou aquilo que começou. E você também pode fazer o mesmo.

Capítulo 2: Construindo sua Pilha de Ferramentas de IA (Sem Necessidade de Programação)

A base de qualquer sistema de renda automatizada com inteligência artificial é o seu **conjunto de ferramentas tecnológicas**, também conhecido como *tech stack*. Não é possível construir uma fonte de renda automatizada confiável usando improvisação ou tentativa e erro constante. Para ter sucesso, você precisa de um conjunto sólido de ferramentas de IA confiáveis, de baixo custo e sem necessidade de programação que trabalhem juntas como se fossem seus funcionários digitais. Essas ferramentas permitem criar conteúdo com rapidez, promover produtos automaticamente, vender e entregar produtos sem intervenção manual e analisar resultados continuamente, 24 horas por dia. A grande vantagem é que muitas dessas ferramentas são gratuitas ou extremamente acessíveis. E você não precisa ter conhecimento técnico avançado. Se você consegue usar Canva ou Google Docs, já tem capacidade suficiente para operar esse sistema.

Pense no seu sistema de renda com IA como uma empresa com diferentes departamentos. Cada ferramenta cumpre uma função específica dentro do seu "império digital". O primeiro grupo de ferramentas é o de **geração de conteúdo**. Essas ferramentas são usadas para escrever artigos, ebooks, roteiros de vídeo, descrições de produtos e sequências de e-mails. Entre as mais populares estão ChatGPT, Jasper AI e Claude. Elas podem gerar ideias, estruturar conteúdos e produzir textos completos em poucos minutos. Com essas ferramentas, é possível criar um ebook inteiro, o roteiro de um curso ou uma sequência de e-mails de marketing em questão de minutos.

O segundo grupo inclui **ferramentas de design e vídeo**. Elas são utilizadas para criar imagens, materiais de marketing e vídeos sem necessidade de aparecer na câmera. Canva Pro é uma das plataformas mais utilizadas para criar capas de ebooks, posts para redes sociais e materiais visuais profissionais. Ferramentas como Pictory e Invideo permitem transformar textos em vídeos curtos automaticamente, enquanto plataformas como ElevenLabs ou PlayHT geram narrações com voz artificial extremamente realista. Com esse conjunto de ferramentas, você pode transformar um simples artigo em um vídeo narrado ou criar rapidamente a capa de um workbook ou curso.

Outro elemento essencial do seu sistema são os **criadores de sites e funis de vendas**. Essas plataformas permitem criar páginas de captura, páginas de vendas e sistemas completos de funis de marketing sem conhecimento técnico. Systeme.io é uma opção muito popular porque oferece funis de vendas e automação de e-mail gratuitamente. Carrd permite criar páginas simples e eficientes para capturar leads ou apresentar produtos digitais. Plataformas como Skool, Podia ou Teachable são usadas para hospedar cursos e produtos digitais. Com essas ferramentas, você pode construir um funil completo com página de captura, página de agradecimento, página de vendas e oferta adicional totalmente automatizada.

Outro componente fundamental são as **ferramentas de automação e fluxo de trabalho**. Essas ferramentas conectam diferentes aplicativos e permitem que ações sejam executadas automaticamente quando determinados eventos acontecem. Make.com e Zapier são duas das plataformas mais populares para esse tipo de automação sem código. Airtable pode ser usado como um banco de dados visual para acompanhar clientes, vendas e leads. Por exemplo, quando alguém baixa um material gratuito ou compra um produto, o sistema pode enviar automaticamente um e-mail personalizado, registrar o cliente em um banco de dados e iniciar uma sequência de mensagens.

O quinto grupo inclui **ferramentas de marketing e distribuição com IA**. Elas ajudam a promover conteúdo, otimizar artigos para mecanismos de busca e automatizar campanhas de e-mail e redes sociais. Plataformas como Ocoya ou Predis.ai geram posts para redes sociais automaticamente e permitem programar publicações para semanas ou meses. Ferramentas como SurferSEO ajudam a otimizar conteúdos para aparecerem nos resultados do Google. Para marketing por e-mail, plataformas como Beehiiv, MailerLite ou ConvertKit permitem criar campanhas automatizadas inteligentes. Dessa forma, a IA pode escrever o conteúdo, o sistema agenda as publicações e os e-mails são enviados automaticamente.

Por fim, seu sistema precisa de **ferramentas de análise e acompanhamento de vendas**. Elas ajudam a monitorar tráfego, conversões e desempenho do negócio. Google Analytics com links UTM permite entender de onde vêm seus compradores. Painéis de plataformas como Stripe ou Gumroad mostram as vendas em tempo real. Ferramentas como Loops ou Baremetrics oferecem análises mais avançadas, especialmente para negócios digitais baseados em assinaturas. Com esses dados, você pode acompanhar vendas diárias, identificar quais fontes de tráfego funcionam melhor e otimizar seus sistemas com ajuda da IA.

Se você está começando do zero, é possível montar uma versão simples e extremamente eficiente do seu tech stack. Uma configuração básica pode incluir ChatGPT para escrita, Canva para design, Gumroad ou Payhip para entrega de produtos,

Systeme.io para funis de vendas, Make.com para automação, MailerLite para marketing por e-mail e Ocoya ou Predis.ai para gerenciamento de redes sociais. Com esse conjunto de ferramentas, é possível operar um negócio digital completo gastando menos de cinquenta dólares por mês, e em muitos casos até sem custos.

Para manter tudo organizado e eficiente, é recomendável usar ferramentas como Notion ou Trello para documentar fluxos de trabalho, salvar prompts de IA, armazenar templates reutilizáveis e planejar novas automações. Uma boa prática é tratar suas ferramentas como se fossem membros de uma equipe. Cada uma tem uma função específica e deve ser usada de forma clara dentro do sistema.

Um erro comum entre iniciantes é ficar constantemente mudando de ferramenta em busca da próxima novidade. Esse comportamento, conhecido como "síndrome do objeto brilhante", pode atrasar seu progresso. Em vez disso, escolha algumas ferramentas principais em cada categoria, aprenda a utilizá-las bem e construa sistemas ao redor delas. Depois que seu primeiro sistema estiver funcionando, você pode explorar melhorias ou ferramentas adicionais. Seu conjunto de ferramentas deve simplificar sua vida e economizar tempo, não gerar confusão ou sobrecarga.

A história de Natalie mostra como um sistema simples pode transformar uma carreira. Natalie costumava sentar sempre na mesma mesa em um café em Miami, com seu laptop e um latte de leite de amêndoas. Meses antes, ela trabalhava como assistente de marketing, enfrentando jornadas de dez horas por dia e sonhando com mais liberdade. Ela queria construir algo próprio, mas tinha medo da tecnologia, dos custos e do tempo necessário. Um dia, enquanto navegava no Instagram, encontrou um vídeo curto com o título “Como criar um negócio inteiro com seis ferramentas gratuitas de IA, sem experiência”. Aquilo despertou sua curiosidade.

Na manhã seguinte, Natalie criou uma lista chamada “Meu Sistema Ideal — Sem Código, Sem Equipe, Sem Complicação”. Ela queria que a IA escrevesse seus textos e e-mails, que pudesse vender produtos digitais enquanto dormia e que suas redes sociais funcionassem automaticamente. Pesquisando mais, ela descobriu ChatGPT para escrever conteúdo, Canva para criar ebooks e posts visuais, Pictory para transformar textos em vídeos curtos, Gumroad para vender produtos digitais, Systeme.io para criar funis de vendas e Ocoya para programar publicações nas redes sociais. Para conectar tudo, utilizou Make.com. Ela ficou surpresa ao perceber que a maioria dessas ferramentas era gratuita ou custava menos de dez dólares por mês.

Natalie começou criando um produto baseado em algo que ela gostava: produtividade e organização. Usando ChatGPT, escreveu um guia de vinte e cinco páginas chamado "O Reset de Foco em 7 Dias". Criou o design no Canva, hospedou o produto no Gumroad e construiu um funil simples no Systeme.io com um checklist gratuito, uma oferta complementar e o produto principal. MailerLite foi usado para automatizar os e-mails de boas-vindas e nutrição. Em Ocoya, ela programou trinta posts para redes sociais com legendas geradas por IA. O custo total para lançar o projeto foi de apenas vinte e sete dólares, e o sistema ficou pronto em seis dias.

Depois de publicar um único post no Instagram e uma discussão em um fórum online, Natalie fez sua primeira venda. Nas semanas seguintes, as vendas começaram a crescer lentamente. Em duas semanas, havia faturado noventa e dois dólares. Depois duzentos e quarenta. Um de seus vídeos curtos ganhou destaque e gerou mais de oitocentos dólares em uma semana. O mais impressionante era que tudo acontecia automaticamente. Os e-mails eram enviados sem intervenção manual, o produto era entregue instantaneamente e os funis continuavam funcionando enquanto ela dormia.

Alguns meses depois, Natalie estava novamente no mesmo café, mas sua realidade era completamente diferente. Ao verificar seu painel de vendas, viu que havia faturado mais de quatro mil dólares naquele mês com três guias digitais, um mini curso em vídeo, dois pacotes de planners e um funil de afiliados promovendo uma ferramenta de IA. Tudo estava automatizado. Ela apenas analisava dados, testava pequenas melhorias e criava novos conteúdos quando queria.

Natalie percebeu uma lição importante. Você não precisa saber tudo. Você só precisa das ferramentas certas executando as tarefas certas. Em vez de passar meses aprendendo programação ou contratando ajuda, ela construiu seu sistema de tecnologia como se fosse um conjunto de peças de Lego, adicionando cada elemento gradualmente. Assim, passou de uma profissional esgotada para uma empreendedora digital com sistemas automatizados funcionando continuamente. Tudo começou com a decisão de manter as coisas **simples, eficientes e baseadas em sistemas.**

Capítulo 3: Automação de Conteúdo – Blogs, E-mails, Publicações em Redes Sociais e Muito Mais

O conteúdo é o **motor que impulsiona a renda automatizada**. Você pode ter o melhor produto ou serviço do mundo, mas se ninguém o vê, ninguém compra. O conteúdo é o que gera visibilidade, tráfego, confiança e, finalmente, vendas. A grande vantagem hoje é que você não precisa mais criar conteúdo manualmente. Com as ferramentas modernas de inteligência artificial, é possível automatizar entre **80% e 100% da produção de conteúdo**, incluindo blogs que geram tráfego orgânico através de SEO, sequências de e-mails que transformam visitantes em compradores, publicações em redes sociais que mantêm sua presença constante e até roteiros para vídeos curtos que podem gerar milhões de visualizações. Com fluxos de trabalho simples, é possível produzir semanas inteiras de conteúdo em apenas algumas horas.

Uma das primeiras estratégias é **automatizar a criação de artigos para blogs**. O objetivo é gerar tráfego orgânico constante para seus produtos ou ofertas. Ferramentas como ChatGPT, Jasper ou Claude podem ser usadas para gerar artigos completos, enquanto ferramentas como SurferSEO ou

NeuronWriter ajudam a otimizar o conteúdo para que ele apareça melhor posicionado nos resultados do Google. Plataformas como WordPress, Ghost ou Medium podem ser usadas para publicar esses conteúdos. O processo pode começar pedindo à IA ideias de artigos relevantes para o seu nicho. Em seguida, você pode solicitar um esboço estruturado para cada artigo e pedir que a IA desenvolva cada seção com mais detalhes. Após revisar rapidamente o texto, basta publicá-lo no seu site ou blog e usar ferramentas de SEO para garantir que as palavras-chave estejam bem posicionadas. Um detalhe importante é inserir links de afiliados, ofertas de produtos ou materiais gratuitos dentro do artigo para converter leitores em clientes.

Outra área importante é **automatizar sequências de e-mails que geram vendas**. O objetivo do e-mail marketing é transformar visitantes em compradores através de comunicação contínua. Com o ChatGPT, você pode gerar uma sequência completa de e-mails de boas-vindas em poucos minutos. Plataformas como MailerLite, ConvertKit ou Beehiiv permitem automatizar o envio dessas mensagens. Por exemplo, quando alguém se inscreve em sua lista, o sistema pode enviar automaticamente um e-mail de boas-vindas no primeiro dia, seguido por mensagens com conteúdo útil, histórias e chamadas para ação ao longo dos dias seguintes. A IA também pode gerar newsletters semanais com base em seus artigos de blog ou conteúdos publicados nas redes sociais. Pequenos detalhes, como testar diferentes títulos de e-mail ou adicionar emojis estratégicos, podem aumentar significativamente as taxas de abertura.

As **redes sociais também podem ser automatizadas completamente**. O objetivo é manter visibilidade constante em plataformas como Instagram, X (Twitter), TikTok, LinkedIn ou Pinterest sem precisar publicar manualmente todos os dias. Ferramentas como Predis.ai, Ocoya ou Canva podem gerar e programar conteúdos automaticamente. O processo pode começar pedindo ao ChatGPT trinta ideias de conteúdo relacionadas ao seu nicho. Em seguida, você pode gerar legendas, citações inspiradoras ou roteiros para carrosséis. Utilizando templates do Canva ou ferramentas de design com IA, é possível criar imagens e posts visuais rapidamente. Com plataformas de agendamento como Ocoya, você pode programar um mês inteiro de conteúdo em poucos minutos. Para vídeos curtos, cada legenda pode ser transformada em um vídeo de quinze segundos usando ferramentas como Pictory. Uma estratégia inteligente é reutilizar parágrafos de seus artigos de blog para criar slides de carrossel ou sequências de tweets.

Outra estratégia extremamente poderosa é transformar **roteiros gerados por IA em vídeos sem aparecer na**

câmera. Conteúdos em formato de vídeo curto, como YouTube Shorts, Instagram Reels ou TikTok, podem gerar tráfego enorme e altamente qualificado. Para isso, o ChatGPT pode criar roteiros curtos e diretos. Ferramentas como ElevenLabs ou PlayHT podem gerar narrações realistas com voz artificial. Plataformas como Pictory, Invideo ou CapCut podem montar o vídeo automaticamente adicionando imagens, clipes, legendas e música. Depois de produzido, o vídeo pode ser publicado e programado em várias plataformas. Uma boa prática é incluir no vídeo ou nos comentários fixados um link para um material gratuito ou produto digital.

Para organizar esse processo, é possível criar um **plano de automação de conteúdo para trinta dias**. No primeiro dia, você pode gerar ideias de artigos e escrever dois posts usando ChatGPT. No segundo dia, criar e configurar uma sequência automatizada de e-mails. No terceiro dia, planejar trinta ideias de conteúdo para redes sociais. No quarto dia, criar os gráficos e programar as publicações. No quinto dia, produzir ou gerar cinco vídeos curtos. No sexto dia, programar todos os conteúdos e conectar os links aos seus funis de vendas. No sétimo dia, analisar os resultados e repetir aquilo que estiver funcionando melhor. Esse processo simples pode gerar um mês inteiro de conteúdo automatizado que trabalha continuamente promovendo seus produtos.

A história de Isabelle ilustra perfeitamente o poder dessa estratégia. Isabelle sempre sonhou em ser escritora, não no sentido de viver lutando financeiramente, mas no sentido de acordar recebendo royalties e poder trabalhar de qualquer lugar. Na realidade, ela trabalhava escrevendo conteúdos para outras pessoas, criando artigos, campanhas de e-mail e legendas para redes sociais com o nome de seus clientes. Embora fosse muito talentosa, estava exausta e queria construir algo próprio, algo automatizado e permanente.

Certa noite, ela encontrou um comentário nas redes sociais dizendo que a inteligência artificial não havia tirado o trabalho de alguém, mas havia devolvido sua vida. Intrigada, ela começou a pesquisar e descobriu que podia usar o ChatGPT para criar conteúdo que gerasse renda sem precisar escrever manualmente. Ela decidiu criar um blog próprio. Seu nicho seria produtividade sem ansiedade, um tema que conhecia profundamente.

Usando ChatGPT, pediu dez ideias de artigos sobre como reduzir ansiedade e aumentar foco para empreendedores independentes. Em segundos, recebeu uma lista completa de ideias. Escolheu um tema sobre hábitos matinais e pediu um esboço estruturado do artigo. Em seguida, solicitou que cada seção fosse expandida com explicações detalhadas. Em poucas horas, tinha um artigo completo com mais de mil palavras.

Após uma revisão rápida, publicou o conteúdo em sua conta no Medium. Foi o primeiro texto que publicou em seu próprio nome em anos.

Depois disso, criou uma sequência automatizada de e-mails. Pediu ao ChatGPT que escrevesse cinco mensagens para novos leitores que baixassem um checklist gratuito. Cada e-mail tinha um tom acolhedor e autêntico. Ela configurou tudo no MailerLite e conectou o formulário ao blog. Em poucas semanas, começou a receber novos assinantes regularmente. O que mais a surpreendeu foi que as pessoas começaram a responder aos e-mails agradecendo pelo conteúdo.

A grande virada aconteceu quando começou a produzir vídeos. Isabelle sempre evitou aparecer em câmera, mas descobriu que poderia criar vídeos sem mostrar o rosto usando Pictory. Inseriu um roteiro gerado pelo ChatGPT, adicionou uma narração criada pelo ElevenLabs e o sistema montou automaticamente um vídeo de um minuto com música, textos animados e clipes visuais. Quando publicou o primeiro vídeo curto no YouTube, ficou surpresa ao ver milhares de visualizações em poucos dias.

Ela criou então um ritual mensal. No primeiro dia de cada mês, usava o ChatGPT para gerar ideias de blog, roteiros de vídeos, sequências de e-mails e legendas para redes sociais.

Em seguida, usava Canva e Ocoya para programar trinta dias de conteúdo. Todo o processo levava cerca de três horas. Depois disso, podia aproveitar o restante do mês enquanto o sistema funcionava sozinho.

Cinco meses depois, Isabelle tinha vários artigos posicionados no Google, uma lista de e-mails com mais de mil assinantes e tráfego diário chegando aos seus produtos digitais. Ela estava ganhando mais do que quando trabalhava como redatora freelancer, mas sem precisar escrever manualmente. Tudo era gerado, programado e entregue automaticamente pela inteligência artificial.

Um dia, sentada em uma livraria com seu laptop e uma xícara de chá de jasmim, ela percebeu que estava vivendo exatamente a vida que imaginava anos antes. Curiosamente, havia passado mais de um mês sem escrever uma única frase manualmente. Ela continuava sendo escritora, mas agora a inteligência artificial escrevia por ela. E mais do que economizar tempo, essa automação lhe devolveu energia, liberdade e a possibilidade de construir algo verdadeiramente seu.

Capítulo 4: Automação de Funis de Vendas Usando IA

Um **funil de vendas** é o caminho que um cliente percorre desde o momento em que descobre seu conteúdo até o momento em que compra seu produto. Em um negócio tradicional, esse processo exigiria conversas com potenciais clientes, respostas a perguntas, acompanhamento manual e gestão de objeções. Porém, com a ajuda da inteligência artificial, é possível construir um funil que educa, nutre e vende automaticamente. O objetivo é transformar pessoas desconhecidas em compradores com o mínimo de intervenção humana possível. Uma vez que o funil esteja funcionando, você pode enviar tráfego para ele continuamente, permitindo que vendas aconteçam 24 horas por dia.

Um funil de vendas alimentado por IA geralmente possui **quatro etapas principais**. A primeira etapa é atrair pessoas. Isso acontece por meio de conteúdo valioso gerado com inteligência artificial, como artigos de blog, vídeos curtos no YouTube, Instagram Reels ou pins no Pinterest. Todos esses conteúdos devem direcionar as pessoas para uma oferta gratuita, chamada de lead magnet, que incentive o visitante a deixar seu e-mail.

A segunda etapa é capturar contatos. Isso acontece quando o visitante troca seu e-mail por um material gratuito, como um checklist, guia, template ou mini-curso. Esses materiais podem ser criados rapidamente com ChatGPT e Canva e entregues automaticamente por plataformas de e-mail marketing como Systeme.io, ConvertKit ou MailerLite. Uma grande vantagem da IA é que ela permite criar um lead magnet de alto valor em menos de um dia.

A terceira etapa é nutrir o relacionamento. Após capturar o e-mail, o sistema envia automaticamente uma sequência de mensagens que constroem confiança com o leitor. Normalmente essa sequência inclui entre cinco e sete e-mails, com conteúdo educativo, histórias e pequenas recomendações de produtos. Essas mensagens podem ser criadas com ChatGPT e programadas em plataformas de e-mail marketing. Um exemplo de prompt seria pedir à IA para escrever uma sequência de sete e-mails que apresente um produto, ensine algumas ideias importantes e inclua chamadas suaves para ação.

A quarta etapa é converter. Nesse momento, o sistema apresenta uma oferta paga, que pode ser um produto digital, curso ou serviço. Plataformas como Gumroad, Payhip ou Systeme.io podem processar o pagamento automaticamente. Muitas vezes, o funil também inclui ofertas adicionais, como pacotes ou versões premium do produto. Ferramentas de IA podem ajudar a escrever páginas de vendas persuasivas, criar textos de chamada para ação e até incluir elementos de urgência, como contadores regressivos.

Para construir um funil eficiente, é possível utilizar um **conjunto simples de ferramentas**. Uma página de captura pode ser criada com Systeme.io ou Carrd. A entrega do material gratuito pode ser feita por MailerLite ou ConvertKit. O conteúdo dos e-mails pode ser gerado com ChatGPT e programado na plataforma de e-mail marketing. A página do produto pode ser hospedada no Gumroad ou Payhip, enquanto o pagamento pode ser processado pelo Stripe ou pela própria plataforma. Ofertas adicionais podem ser configuradas diretamente no Systeme.io ou em páginas específicas do Gumroad. Com esse conjunto de ferramentas, é possível criar um funil completo sem contratar designers ou pagar softwares caros.

Imagine, por exemplo, que você esteja vendendo um **planner financeiro digital por 17 dólares**. Seu funil pode começar com um vídeo curto intitulado “5 erros que as pessoas cometem com dinheiro todos os meses”. No perfil ou descrição do vídeo, você inclui um link para um guia gratuito chamado “Reset Financeiro de 7 Dias”. O visitante acessa uma página simples criada no Systeme.io e deixa seu e-mail para baixar o material. Em seguida, recebe uma sequência automática de e-mails que apresenta gradualmente o planner de 17 dólares. Após a compra, o sistema oferece um pacote com o planner e um rastreador mensal de finanças por 27 dólares. Dentro desse funil, você também pode incluir links de afiliados para ferramentas financeiras que utiliza.

Depois que o funil está ativo, a inteligência artificial também pode ajudar a **melhorá-lo continuamente**. Ferramentas de análise como Google Analytics, Gumroad ou Systeme.io mostram onde as pessoas abandonam o processo de compra. Esses dados podem ser usados para criar testes A/B em diferentes partes do funil, como títulos de e-mails, textos da página de vendas ou botões de compra. Você pode até pedir ao ChatGPT sugestões de testes para aumentar as conversões, analisando seu funil atual.

Existem muitos exemplos de funis simples que funcionam bem. Um exemplo é oferecer um ebook gratuito chamado "Como estruturar um livro em uma hora", seguido por uma sequência de e-mails que promove um curso de escrita de 47 dólares. Outro exemplo é criar um vídeo curto com o tema "As 5 melhores ferramentas de IA para pequenas empresas", oferecendo em seguida um guia gratuito de prompts de IA e promovendo um pacote de ferramentas por 27 dólares. Outro modelo comum é oferecer um template gratuito do Canva e depois vender um pacote completo de templates por 37 dólares, incluindo links de afiliados para o Canva Pro.

A história de Sofia mostra como um funil simples pode transformar uma ideia em renda real. Sofia era enfermeira em tempo integral, mãe de dois filhos e sonhava em um dia ganhar dinheiro sem precisar trocar horas de trabalho por salário. Quando começou a pesquisar sobre funis de vendas, ficou confusa com tantos termos técnicos e acreditou que precisaria contratar especialistas para ganhar seus primeiros dólares online.

Um dia, em um grupo online sobre renda extra, ela viu um comentário dizendo que alguém havia usado Systeme.io e ChatGPT para automatizar um funil inteiro e ganhar mil dólares em duas semanas. Intrigada, ela decidiu tentar algo parecido. Em vez de complicar o processo, escolheu um tema que conhecia bem: planejamento de refeições para pais ocupados.

Usando ChatGPT, pediu à IA para criar um guia gratuito chamado "Refeições de 5 Minutos para Mães Exaustas". Em poucos minutos, tinha o conteúdo completo. Copiou o texto para o Canva, adicionou alguns ícones e exportou o material em PDF. Em seguida, criou uma página simples no Systeme.io para que as pessoas pudessem baixar o guia em troca do e-mail.

Depois pediu ao ChatGPT que criasse uma sequência de sete e-mails com dicas rápidas de planejamento de refeições e sugestões de economia de tempo na cozinha. No final da sequência, os e-mails apresentavam um planner de refeições de 17 dólares que ela também criou com ajuda da IA. O produto foi hospedado no Gumroad e conectado à sequência automática de e-mails.

Para promover o funil, Sofia publicou um único vídeo curto no Instagram mostrando como usava seu planner semanal. O vídeo foi gravado apenas com o celular e incluía um link para o guia gratuito. Esse único vídeo teve mais de mil visualizações e gerou dezenas de inscrições. No final da semana, ela já tinha feito algumas vendas.

Animada com os resultados, Sofia começou a melhorar o funil. Pediu ao ChatGPT novas versões de títulos de e-mail para testar, reescreveu a descrição do produto e criou um pacote que incluía o planner e um checklist de compras por 27 dólares. Também adicionou um temporizador de três dias para aumentar o senso de urgência. Com essas melhorias, sua taxa de conversão aumentou significativamente.

Com o tempo, Sofia criou três funis diferentes: um para mães ocupadas, outro para pessoas que queriam aprender a preparar refeições antecipadamente e um terceiro para professores que buscavam ideias de lanches saudáveis para a escola. Cada funil tinha seu próprio material gratuito, sequência de e-mails e produto digital.

O mais interessante é que Sofia não precisava mais correr atrás de clientes, publicar conteúdo diariamente ou responder perguntas constantemente. Cada produto era entregue automaticamente, cada e-mail fazia parte de uma sequência programada e cada link direcionava o visitante para uma venda ou recomendação.

No aniversário de 38 anos, Sofia decidiu levar sua família para uma viagem de fim de semana. A viagem foi paga inteiramente com as vendas geradas por seus funis naquele mês. Naquele momento, ela percebeu algo importante: antes ela vendia seu tempo. Agora, vendia sistemas que se vendiam sozinhos.

Capítulo 5: Bots de Atendimento ao Cliente e Sistemas de CRM

Em qualquer negócio, por menor ou mais automatizado que seja, **perguntas de clientes e necessidades de suporte eventualmente aparecem**. Para muitos empreendedores digitais, quando as vendas começam a crescer, a caixa de entrada se transforma rapidamente em um gargalo. Perguntas simples como "Onde está meu link de download?", "Posso usar este produto no celular?" ou "Como solicito um reembolso?" podem se acumular rapidamente. Sem um sistema adequado, aquilo que parecia sucesso pode se transformar em estresse. No entanto, hoje, graças à inteligência artificial, você não precisa contratar um assistente virtual nem passar o dia respondendo e-mails. Bots conversacionais inteligentes podem lidar com **80% a 100% das solicitações de suporte automaticamente**, de forma instantânea, 24 horas por dia. E para os poucos casos que exigem intervenção humana, um sistema de CRM pode organizar contatos, categorizar clientes, fazer acompanhamentos e até oferecer novos produtos sem que você perca o controle de nenhum lead.

Os **chatbots de IA modernos são extremamente avançados e naturais**. Eles não se limitam mais a respostas pré-programadas. Com as ferramentas certas, eles conseguem ler seu conteúdo, entender seu negócio e até recomendar produtos. Imagine um cliente que visita seu site às duas da manhã e pergunta se seu planner funciona em um iPad. O chatbot pode responder imediatamente com uma explicação detalhada e ainda incluir um link direto para a página do produto. Não há atraso, não há necessidade de equipe e não há desgaste. Isso é automação funcionando na prática. Melhor ainda, muitos desses bots se integram facilmente com plataformas de sites, páginas de captura, portais de cursos e funis de vendas.

Existem várias ferramentas sem necessidade de programação que tornam a criação de um sistema de suporte com IA muito simples. **Tidio** é uma das opções mais fáceis para quem vende produtos digitais ou opera uma loja online. Ele permite criar bots híbridos que combinam automação por IA com atendimento manual quando necessário. Para quem trabalha principalmente com Instagram ou Messenger, **ManyChat** é uma ótima opção, pois consegue responder mensagens diretas automaticamente, marcar leads e entregar materiais gratuitos. Para negócios mais robustos, **Intercom** oferece bots avançados capazes de simular conversas complexas, coletar dados e classificar solicitações de suporte. Outra ferramenta extremamente interessante é o **Chatbase**, que permite treinar um chatbot alimentando-o com conteúdos como páginas do seu site, descrições de produtos, PDFs ou até ebooks completos. O sistema utiliza tecnologia semelhante ao ChatGPT para responder perguntas com base no seu próprio conteúdo, em vez de simplesmente adivinhar respostas.

Imagine que você tenha criado um ebook de trinta páginas sobre produtividade. Um visitante chega à sua página de vendas e pergunta no chat se o material ajuda pessoas com TDAH ou se existe uma versão para impressão. Se o chatbot estiver treinado com Chatbase, ele pode pesquisar dentro do próprio conteúdo do ebook e responder com segurança, citando informações relevantes e até oferecendo um link direto para uma página de exemplo ou para um pacote de produtos. Nesse momento, você pode ter feito uma venda sem precisar intervir. Esse é o poder de um assistente de IA treinado para trabalhar dentro do seu negócio continuamente.

No entanto, o suporte ao cliente é apenas parte da equação. A outra parte fundamental é **a gestão do relacionamento com os clientes**. Depois que alguém se torna um cliente ou assinante, a maneira como você armazena, organiza e acompanha essas pessoas tem grande impacto no crescimento da sua receita. É aqui que entra um **CRM — sistema de gestão de relacionamento com clientes**. Um bom CRM permite marcar contatos com base em interesses, acompanhar em qual etapa do funil cada pessoa está e enviar mensagens personalizadas, lembretes ou ofertas adicionais automaticamente. Entre as plataformas mais acessíveis para iniciantes estão MailerLite, Systeme.io e Zoho. Essas ferramentas permitem monitorar a atividade dos leads, criar fluxos de automação e disparar ações baseadas no comportamento do usuário, como clicar em um link, baixar um material gratuito ou abandonar uma compra.

Para automatizar completamente o suporte e a gestão de relacionamento, é possível **integrar o chatbot com o CRM**. Na prática, isso pode funcionar da seguinte forma. Um visitante chega à sua página e pergunta ao chatbot se seu produto inclui tutoriais em vídeo. O bot responde que sim e, em seguida, pergunta se a pessoa gostaria de receber um vídeo bônus gratuito por e-mail. Se o visitante aceitar, o chatbot envia os dados para o CRM, que automaticamente inicia uma sequência de e-mails criada com ChatGPT e envia o material bônus. A pessoa se sente atendida, orientada e valorizada. Ao mesmo tempo, você capturou um lead e aumentou a chance de realizar uma venda, tudo sem precisar intervir manualmente.

Bots de suporte com IA e sistemas de CRM não são apenas ferramentas tecnológicas. Eles funcionam como **funcionários digitais** que não dormem, não reclamam e não cometem erros por distração. Eles criam uma experiência fluida para o cliente enquanto liberam seu tempo para focar em atividades mais importantes, como desenvolver novos produtos, expandir seus sistemas ou simplesmente aproveitar a vida que você está construindo. E graças às plataformas sem código disponíveis hoje, qualquer empreendedor pode implementar esse tipo de sistema. Mesmo que você esteja começando agora, adicionar um chatbot simples e um CRM básico pode elevar instantaneamente sua marca, aumentar as conversões e economizar muitas horas de trabalho.

Nesta nova era de automação de renda, o atendimento ao cliente não precisa mais ser um peso. Com algumas ferramentas e os fluxos de trabalho corretos, você pode oferecer um suporte melhor do que muitas grandes empresas — trabalhando sozinho, a partir do seu laptop, sem precisar responder manualmente a cada e-mail.

A história de Liam mostra como isso pode transformar um negócio. Liam sempre fez tudo sozinho. Criava produtos, cuidava do marketing, gerenciava redes sociais e respondia a todos os clientes. Seu projeto começou como uma renda extra vendendo templates para Notion, mas acabou se transformando em um negócio estável de cinco dígitos. No entanto, com o crescimento vieram novos desafios. Sua caixa de entrada se transformou em um campo de batalha cheio de perguntas repetitivas sobre downloads, reembolsos e preços de pacotes. Algumas mensagens eram educadas, outras nem tanto, mas todas exigiam tempo. Em certa semana particularmente difícil, ele percebeu que havia respondido a mesma pergunta vinte e sete vezes.

Sentindo-se preso dentro do próprio negócio, Liam sabia que precisava mudar algo. Uma noite, navegando em fóruns online, encontrou um comentário que dizia que alguém havia reduzido o número de e-mails diários de quarenta para apenas três usando Chatbase e uma integração de CRM com Make.com. Curioso, ele decidiu testar a ideia. Em vez de programar algo complexo, apenas carregou no Chatbase seus conteúdos existentes: perguntas frequentes, descrições de produtos e exemplos de mensagens de suporte. Em menos de dois dias, um chatbot treinado com suas próprias informações estava ativo em seu site.

Os resultados foram imediatos. Clientes que antes enviavam e-mails começaram a conversar com o bot e recebiam respostas instantâneas. Dúvidas diminuíram, solicitações de reembolso reduziram e a confusão desapareceu. Um cliente chegou a elogiar a rapidez do atendimento, acreditando que havia uma equipe trabalhando por trás do sistema. Liam achou graça ao perceber que sua "equipe" era apenas um modelo de inteligência artificial treinado com seus arquivos.

A verdadeira transformação aconteceu quando ele conectou o chatbot ao seu CRM usando Make.com. Agora, sempre que alguém perguntava sobre pacotes ou downloads, o bot podia solicitar nome e e-mail, registrar o interesse no CRM e iniciar automaticamente uma sequência de e-mails oferecendo um pacote personalizado com desconto por tempo limitado. O que antes exigia várias trocas de e-mails e envio manual de faturas agora acontecia automaticamente em menos de um minuto.

Com o tempo, Liam adicionou ainda mais automações. Se alguém assistia a um vídeo tutorial, o sistema marcava esse usuário no CRM e enviava um e-mail com recursos adicionais. Se alguém clicava em um link mas não finalizava a compra, recebia um lembrete amigável. Todos os e-mails eram gerados com ChatGPT e todas as automações eram configuradas em um painel visual que ele revisava apenas uma vez por mês.

Gradualmente, algo curioso aconteceu: sua caixa de entrada ficou silenciosa. O que antes era uma fonte constante de ansiedade agora quase não recebia mensagens. A maioria das interações acontecia diretamente com o chatbot. Liam finalmente voltou a dedicar seu tempo à criação. Desenvolveu novos templates, lançou um curso em vídeo e até iniciou um canal no YouTube ensinando outras pessoas a usar inteligência artificial para construir negócios digitais.

Ao analisar os dados meses depois, Liam percebeu algo surpreendente. A satisfação dos clientes havia aumentado significativamente desde que substituiu o atendimento manual pelo sistema automatizado. Não porque o bot fosse mais inteligente do que ele, mas porque estava sempre disponível. Não havia espera, frustração ou atrasos — apenas respostas rápidas e claras.

Ao olhar para o painel de mensagens quase vazio, Liam sorriu. Seu negócio finalmente estava silencioso, eficiente, escalável e totalmente automatizado — exatamente como ele havia imaginado desde o início.

Capítulo 6: Fluxos de Trabalho Inteligentes com IA para Produtos Digitais

Vender **produtos digitais** é uma das formas mais poderosas de criar renda passiva online. Seja um ebook, template, curso, kit de ferramentas ou workspace no Notion, os produtos digitais possuem custos operacionais baixos, alcance global e margens de lucro elevadas. No entanto, a verdadeira transformação acontece quando esses produtos são combinados com automação. **Fluxos de trabalho inteligentes com IA** permitem que você vá além de simplesmente vender um produto. Eles permitem criar um sistema que constrói, entrega, promove e até melhora seus produtos quase sem esforço manual. Muitas pessoas param depois de criar o produto e publicá-lo, esperando que as vendas apareçam. Um empreendedor que utiliza IA pensa de forma diferente. Ele cria **um sistema automatizado ao redor de cada produto**.

Um fluxo de trabalho inteligente começa antes mesmo de o produto existir. O primeiro passo é **geração e validação de ideias**, algo que pode ser totalmente feito com inteligência artificial. Por exemplo, você pode pedir ao ChatGPT que pesquise tipos de produtos digitais em tendência dentro do seu nicho. Em seguida, pode solicitar que a IA crie um esboço do produto, sugira bônus e até escreva o conteúdo principal. Depois disso, ferramentas como Canva podem ser usadas para criar o design visual do produto, enquanto plataformas como Pictory ou Invideo podem transformar o conteúdo em vídeos se necessário. Para narrações, ferramentas como ElevenLabs oferecem vozes de alta qualidade geradas por IA, permitindo que você produza materiais profissionais sem usar câmera ou microfone. Quando o produto está pronto, o fluxo de trabalho com IA não termina — na verdade, ele está apenas começando.

A próxima etapa é **entrega e acesso ao produto**. Ferramentas como Gumroad, Payhip ou Podia permitem automatizar a cobrança e a entrega do produto instantaneamente. Quando alguém compra, o sistema envia automaticamente um e-mail de agradecimento, o link de download e até ofertas extras sem nenhuma ação manual. Todo esse processo pode ser reforçado com textos criados por IA que soam pessoais, amigáveis e persuasivos. Para melhorar ainda mais a experiência do cliente, você pode usar o ChatGPT para escrever uma sequência de onboarding ou um guia explicando como utilizar o produto, enviado automaticamente após a compra. Esse tipo de automação cria uma experiência profissional para o cliente sem exigir seu tempo.

A etapa seguinte é **promoção**, que costuma ser onde muitos criadores se esgotam. Criar posts, e-mails ou artigos constantemente pode consumir muito tempo. Porém, com ferramentas como Ocoya, Predis.ai ou Jasper, é possível gerar semanas de conteúdo promocional em poucos minutos. Se essas ferramentas forem combinadas com sistemas de agendamento como Buffer ou Meta Business Suite, seus conteúdos podem ser publicados automaticamente enquanto você dorme. Você também pode pedir ao ChatGPT para criar mensagens de contato com afiliados, descrições de produtos para marketplaces e textos para newsletters. Dessa forma cada etapa da criação e distribuição de conteúdo pode ser auxiliada pela IA, permitindo que você construa sistemas que publicam e promovem conteúdo automaticamente.

Um dos usos mais subestimados da inteligência artificial é **otimização contínua**. Depois que seu sistema de produto digital está ativo, você pode usar dados de desempenho para melhorá-lo. Por exemplo, pode inserir sua página de vendas inteira no ChatGPT e pedir dez variações de títulos para testes A/B. Ou fornecer taxas de abertura de e-mails e solicitar novas ideias de assuntos ou ofertas. Quanto mais você interage com esses dados, mais inteligente seu sistema se torna. Se você tiver vários produtos, pode usar ferramentas como Airtable ou Notion como um centro de controle para acompanhar lançamentos, conversões, feedback de clientes e próximos passos. Essas ferramentas podem até puxar dados automaticamente de plataformas como Stripe, Gumroad ou sistemas de e-mail.

Fluxos de trabalho inteligentes também incluem **upsells e pacotes de produtos**. A IA pode ajudar a escrever páginas de venda com ofertas adicionais que aparecem após o checkout. Também pode sugerir combinações de produtos com base no que os clientes já compraram. Essas automações podem ser configuradas visualmente em plataformas como Systeme.io, com textos e lógica criados por IA. Você pode oferecer descontos por tempo limitado ou liberar bônus se o cliente comprar dentro de um período específico, como 48 horas. Até mesmo as respostas para perguntas sobre esses upgrades podem ser geradas automaticamente por bots de IA.

No final, a automação mais poderosa é a conexão entre **criação, promoção, entrega e crescimento**. Com as ferramentas certas, seu papel muda de criador para maestro. Você não precisa correr atrás de vendas constantemente. Você organiza sistemas. Um produto pode se transformar em cinco. Um funil pode se transformar em um portfólio inteiro. Você constrói uma vez e depois apenas otimiza ao longo do tempo. Fluxos de trabalho com IA não são sobre trabalhar menos por preguiça, mas sim sobre **usar alavancagem inteligente**. Quando seus sistemas são bem estruturados, sua renda pode crescer mesmo quando você se afasta. É assim que empreendedores digitais modernos escalam de um único produto para um verdadeiro ecossistema de renda passiva.

A história de Diana mostra como esse processo pode acontecer na prática. Diana sempre foi organizada e disciplinada. Ela adorava listas de tarefas, agendas coloridas e planilhas detalhadas. No trabalho, colegas frequentemente pediam sua ajuda para organizar projetos e resolver problemas de fluxo de trabalho. Mesmo assim, seu emprego corporativo das nove às cinco a fazia sentir que estava vivendo a agenda de outra pessoa. Quando encontrou um vídeo no YouTube sobre como criar e vender produtos digitais usando IA, sua curiosidade foi despertada.

O primeiro produto que ela criou foi um **planner digital de produtividade**. Usando ChatGPT, ela pediu ideias de seções, prompts e estruturas diárias. Também pediu à IA para escrever a introdução, frases motivacionais e exemplos de rastreadores de hábitos. Depois levou todo esse conteúdo para o Canva, escolheu um design suave em tons pastéis e exportou um PDF elegante. O que antes pareceria um projeto de um mês inteiro foi concluído em apenas dois dias graças à inteligência artificial. Ela colocou o planner à venda por 19 dólares no Gumroad.

Em seguida, construiu o sistema ao redor do produto. Em vez de enviar arquivos manualmente ou verificar pagamentos, criou uma página de captura no Systeme.io oferecendo um material gratuito chamado "Checklist de Reset Matinal de 7 Minutos". O formulário de inscrição foi conectado ao MailerLite, que enviava automaticamente uma sequência de cinco e-mails escrita com ajuda do ChatGPT. Nesses e-mails, o planner era apresentado gradualmente aos novos assinantes. Quando alguém comprava, recebia automaticamente o link de download.

Depois de configurar o sistema, Diana focou na promoção. Em vez de gravar vídeos longos ou escrever dezenas de posts, utilizou Predis.ai para gerar trinta dias de conteúdo para Instagram. Programou tudo no Meta Business Suite e publicou um Reel usando narração de IA e imagens de banco de vídeos. O vídeo alcançou mais de cinco mil visualizações e gerou mais de cem novos assinantes em dois dias.

Animada com os resultados, ela criou mais dois produtos: um painel de organização diária no Notion e um rastreador digital de orçamento minimalista. Cada produto seguiu o mesmo processo: planejamento com IA, design no Canva ou Notion, venda pelo Gumroad, funil no Systeme.io e marketing automatizado com conteúdo gerado por IA. Ela agrupou esses produtos em pacotes chamados "Workflow Kits", vendidos por

37 dólares, e criou uma oferta adicional com todos os três por 59 dólares.

Três meses depois, Diana havia faturado mais de três mil dólares. Mais importante ainda, ela não sentia que havia iniciado um negócio complicado. Ela havia criado **um sistema**. Um mecanismo silencioso que funcionava em segundo plano enquanto ela vivia sua vida. Cada etapa — da ideia à renda — era impulsionada por fluxos de trabalho inteligentes com IA.

Em uma tarde de sexta-feira, quando seu gerente marcou uma reunião de última hora, Diana recusou pela primeira vez. Olhou para as mensagens acumuladas no Slack e depois para seu painel de vendas, que mostrava mais algumas vendas realizadas naquele dia. Naquele momento, percebeu que sua renda não dependia mais do tempo que passava no escritório.

Ela não deixou o emprego porque ficou rica rapidamente. Ela saiu porque havia construído sistemas que trabalhavam por ela. Seus produtos digitais eram criados, promovidos, vendidos e entregues por fluxos de trabalho que ela configurou uma única vez e continuou aprimorando com inteligência artificial. Diana continuava sendo uma pessoa organizada e estratégica, mas agora seus planos não eram mais para ajudar a construir o sonho de outra pessoa. Eles eram para construir uma vida baseada em liberdade, sistemas inteligentes e renda que nunca para.

Capítulo 7: Monitoramento, Testes e Otimização de Sistemas com IA

A automação é poderosa, mas **automação sem análise pode levar a muito esforço desperdiçado**. Se seus sistemas baseados em inteligência artificial estão funcionando, mas você não está acompanhando o que realmente funciona, de onde vem o tráfego ou como as pessoas interagem com seu funil, você está operando praticamente no escuro. É por isso que monitoramento, testes e otimização são os motores invisíveis por trás de uma renda passiva escalável. Você não precisa mais adivinhar o que está funcionando. Você pode saber — e até permitir que a própria IA sugira melhorias. Nesta etapa, o objetivo é criar sistemas simples que medem desempenho, identificam oportunidades e indicam ajustes necessários sem exigir habilidades técnicas avançadas.

O primeiro passo é configurar **rastreamento básico para todas as partes do seu sistema digital**. No mínimo, você deve saber quantas pessoas visitam suas páginas, de onde vêm, em que clicam e quantas se transformam em leads ou compradores. Ferramentas como Google Analytics, os relatórios internos do Systeme.io, dashboards do Gumroad e links de rastreamento UTM são fundamentais. Os links UTM são URLs personalizadas que permitem identificar exatamente de onde veio um visitante — por exemplo, Instagram, YouTube, e-mail ou até um post específico. Ao usar links diferentes para cada conteúdo, você consegue identificar rapidamente qual plataforma está enviando tráfego e qual não está gerando resultados.

Outro ponto importante é acompanhar **o comportamento dos e-mails**. Plataformas como MailerLite ou ConvertKit mostram métricas importantes, como taxa de abertura, taxa de cliques, cancelamentos de inscrição e até quais e-mails geram vendas. Se sua taxa de abertura estiver abaixo de cerca de 25%, provavelmente os títulos precisam ser melhorados. Se as pessoas abrem o e-mail mas não clicam nos links, suas chamadas para ação precisam ser testadas. Em vez de tentar resolver isso manualmente, você pode pedir ajuda à IA. Basta inserir sua sequência de e-mails no ChatGPT e pedir sugestões de melhoria. A IA pode identificar títulos fracos, sugerir novos ganchos e até reescrever partes da sequência para torná-la mais persuasiva.

A próxima etapa é o **teste A/B**, que consiste em comparar duas versões de um mesmo elemento para ver qual gera melhores resultados. Você pode testar duas versões de um título, duas páginas de captura ou duas sequências de e-mail. Plataformas como Systeme.io e ConvertKit possuem ferramentas integradas para esse tipo de teste, e também é possível testar manualmente criando duas páginas de produto diferentes no Gumroad. A IA pode ajudar a criar variações rapidamente. Por exemplo, você pode pedir ao ChatGPT cinco versões de um título com maior senso de urgência ou uma versão emocionalmente mais envolvente de uma oferta. Em vez de confiar apenas na intuição, você deixa os dados mostrarem qual versão realmente funciona melhor.

Depois de configurar o rastreamento e os testes, chega o momento de **analisar e otimizar**. Uma prática simples é reservar um momento semanal para revisar seus painéis de dados. Analise de onde vem a maior parte do tráfego, quais conteúdos geram mais conversões e em que ponto as pessoas abandonam o funil. Talvez o problema esteja na oferta inicial, talvez no título do e-mail ou no texto da página de venda. O segredo é melhorar apenas um elemento de cada vez, medir novamente e repetir o processo.

Uma estratégia extremamente valiosa é **alimentar a inteligência artificial com dados reais do seu negócio**. Você pode copiar estatísticas do seu funil e pedir uma análise estratégica. Por exemplo: "De 500 visitantes, 38 deixaram o e-mail e 3 compraram. Aqui está a página de vendas e a sequência de e-mails. Como posso aumentar a conversão?" A IA pode agir como um consultor de marketing, apontando linguagem pouco clara, falta de urgência, chamadas para ação fracas ou até problemas no posicionamento do produto.

Para criadores mais avançados, ferramentas como **Airtable ou Notion** podem funcionar como um painel central de controle do negócio. Nesses dashboards, você pode registrar desempenho de produtos, visualizações de conteúdo, cliques em e-mails e crescimento de receita. Com automações feitas via Zapier ou Make.com, os dados podem ser atualizados automaticamente a partir de plataformas como Stripe, Gumroad ou sistemas de e-mail marketing. Assim, é possível abrir seu painel e ver imediatamente quais conteúdos geraram vendas no dia anterior ou qual vídeo trouxe mais leads na semana.

No mundo da renda automatizada, a diferença entre ganhar cem dólares por mês ou dez mil muitas vezes depende de três coisas simples: **quem mede, quem testa e quem melhora**. Seus sistemas podem ser simples, mas precisam ser inteligentes. Ao usar a inteligência artificial tanto como motor quanto como sistema de navegação do seu negócio, você cria um ciclo contínuo de melhoria. Cada lançamento fica melhor, cada funil se torna mais eficiente e cada venda se torna mais previsível. O segredo não é apenas construir algo uma vez, mas aprimorá-lo constantemente.

A história de Devon mostra bem como esse processo funciona na prática. Devon havia lançado um produto digital com sucesso: um pacote de templates de currículo criados com IA junto com um tutorial em vídeo. Inicialmente, o produto começou a vender bem, impulsionado por alguns vídeos virais e um post em um fórum online. Durante algumas semanas, as vendas aconteciam quase todos os dias. Mas de repente elas começaram a cair sem explicação.

No começo, Devon entrou em pânico. Começou a publicar mais conteúdo nas redes sociais, enviou mais e-mails e até reduziu o preço do produto. Mesmo assim, nada mudou. Foi então que percebeu que havia criado um produto e um funil, mas não havia criado um **sistema de análise**. Ele não sabia exatamente por que o produto havia funcionado antes nem por que havia parado de funcionar.

Decidido a resolver o problema, ele começou configurando **links UTM diferentes para cada plataforma**. Em vez de enviar todos para a mesma página, criou links específicos para YouTube, Instagram, Reddit e e-mail. Quando analisou os dados, ficou surpreso ao descobrir que mais de 70% do tráfego vinha de um antigo artigo no Medium que ele havia escrito meses antes e praticamente esquecido.

Depois disso, analisou sua sequência de e-mails e percebeu outro problema. O primeiro e-mail tinha uma taxa de abertura alta, mas os seguintes tinham desempenho muito baixo. Ele então inseriu toda a sequência no ChatGPT e pediu sugestões de melhoria. A IA recomendou mudanças nos títulos, introduções mais envolventes e chamadas para ação mais claras. Após aplicar essas mudanças, as taxas de clique começaram a subir.

Em seguida, ele realizou seu primeiro **teste A/B**. Criou duas versões de sua página de captura: uma oferecendo um template gratuito e outra oferecendo um guia rápido sobre como criar currículos com IA. Com ajuda do ChatGPT, criou versões diferentes de títulos e chamadas para ação. Após uma semana de testes, a segunda versão gerou mais conversões.

Para acompanhar tudo, Devon criou um painel simples no Notion onde registrava tráfego, conversões, cliques em e-mails e vendas. Todos os domingos, analisava os dados e perguntava ao ChatGPT como poderia melhorar o desempenho do funil. A IA frequentemente apontava pequenos detalhes que ele não havia percebido.

Seis semanas depois, o resultado foi impressionante. A taxa de inscrição em sua lista de e-mails dobrou, a taxa de cliques aumentou mais de quarenta por cento e o funil se transformou em um sistema constante de vendas. O produto que antes parecia apenas um lançamento isolado agora funcionava como um **funil evergreen totalmente otimizado**.

Certa noite, enquanto observava seu painel de métricas, Devon percebeu algo importante. Os números não representavam apenas vendas. Eles representavam controle. Pela primeira vez, ele não estava apenas reagindo aos resultados — estava conduzindo o crescimento do seu negócio com dados e inteligência. E com a ajuda da IA analisando essas informações, ele sabia que sempre teria um caminho claro para continuar melhorando.

Capítulo 8: Escalar — Multiplicar e Diversificar Sua Renda com IA

Depois que você constrói **uma fonte de renda automatizada que realmente funciona** — seja um produto digital, um curso, um canal no YouTube ou um funil de afiliados — você já provou que é possível. A próxima pergunta é: **como escalar isso?** Escalar não significa trabalhar mais. Significa multiplicar aquilo que já está funcionando, diversificar suas fontes de renda e usar inteligência artificial para expandir seu alcance sem aumentar sua carga de trabalho. Nesta etapa, o objetivo é crescer além da primeira vitória duplicando sistemas, automatizando o crescimento e protegendo sua renda através da diversificação.

A primeira chave para escalar é **duplicação**. Quando um produto começa a gerar renda consistente, muitas pessoas passam muito tempo tentando aperfeiçoá-lo infinitamente. Porém, muitas vezes a estratégia mais inteligente é replicar o mesmo modelo em um novo nicho ou com uma nova variação do produto. Por exemplo, se você criou um planner no Notion para profissionais ocupados, pode duplicar o mesmo fluxo de trabalho para criar um planner para estudantes, criadores de conteúdo ou trabalhadores remotos. Você já possui os prompts de IA, os templates de e-mail e a estrutura do funil. Basta ajustar o posicionamento e a comunicação. O ChatGPT pode ajudar a gerar novas variações do produto, identificar públicos semelhantes e adaptar a mensagem para cada versão. Quanto mais você duplica sistemas comprovados, mais rápido sua renda cresce sem precisar começar do zero.

O segundo pilar do crescimento é **diversificação**. Depender de apenas um produto ou de uma única plataforma é arriscado. Algoritmos mudam, tráfego diminui e tendências desaparecem. Por isso, empreendedores que utilizam IA criam várias fontes de renda que se complementam. Por exemplo, se você vende ebooks, pode adicionar um curso como upsell. Se cria vídeos curtos, pode desenvolver funis de afiliados no mesmo nicho. Se tem um canal no YouTube, pode usar IA para transformar os melhores vídeos em artigos de blog, pins no Pinterest ou até episódios de podcast. Ferramentas como Pictory podem transformar roteiros em vídeos. ElevenLabs pode gerar narrações profissionais. Canva e Ocoya podem criar e distribuir conteúdo em novas plataformas. Cada nova fonte de renda fortalece as outras e cria um ciclo contínuo de visibilidade e receita.

Outra forma muitas vezes ignorada de escalar é através de **bundles e ofertas em níveis**. Em vez de vender muitos produtos baratos separadamente, você pode agrupá-los em pacotes temáticos ou níveis de assinatura. A inteligência artificial pode ajudar a criar nomes para esses pacotes, escrever novas descrições e até sugerir materiais extras como checklists, guias ou templates. Plataformas como Systeme.io permitem criar diferentes níveis de preço, enquanto o Gumroad permite oferecer pacotes ou vendas adicionais. Um produto que antes era vendido por 17 dólares pode fazer parte de um pacote de 47 dólares ou aparecer como upsell após um material gratuito. Isso aumenta o valor médio de cada compra enquanto a IA cuida da venda através de e-mails automatizados, páginas de upsell e gatilhos de escassez.

Se você já possui uma audiência — mesmo que pequena — a IA pode ajudar a **nutrir e escalar esse público com comunicação inteligente**. Você pode segmentar sua lista de e-mails de acordo com interesses, comportamento de compra ou nível de engajamento e usar o ChatGPT para escrever mensagens específicas para cada grupo. Isso faz com que a comunicação pareça personalizada sem exigir mais tempo de trabalho. Plataformas como MailerLite ou ConvertKit permitem enviar mensagens automáticas baseadas em tags, cliques ou inatividade. Você pode programar campanhas de reativação, e-mails de aniversário ou ofertas especiais sem precisar escrevê-los manualmente. A IA permite personalização em grande escala, aumentando taxas de abertura, confiança e vendas.

Escalar também significa **expandir sua equipe sem contratar ninguém**. Cada ferramenta de IA pode ser vista como um papel dentro da sua empresa. Jasper pode funcionar como redator. Ocoya como gerente de redes sociais. Make.com como assistente operacional. Pictory como editor de vídeo. ElevenLabs como narrador profissional. Em vez de gerenciar pessoas, você gerencia sistemas. E quando algo não funciona, você ajusta o processo, não precisa substituir um funcionário. Isso cria um nível de eficiência e liberdade que muitos negócios tradicionais não conseguem alcançar.

Outro elemento importante do crescimento é transformar seus sucessos em **sistemas de longo prazo**. Se um produto está vendendo bem, pense em como transformá-lo em um funil evergreen. Se um artigo do seu blog está bem posicionado no Google, veja como transformá-lo em um lead magnet ou vídeo curto. Se você criou dez produtos, talvez possa licenciá-los, agrupá-los em um curso ou vendê-los como uma assinatura. A inteligência artificial oferece a alavancagem necessária, mas seu papel é identificar padrões, padronizar fluxos de trabalho e automatizar o crescimento. Quanto mais você constrói pensando em escala, menos esforço cada nova fonte de renda exigirá.

Escalar não é apenas aumentar números. É **construir uma máquina digital que multiplica resultados sem**

multiplicar estresse. A IA é o motor que torna isso possível. Cada novo sistema que você duplica, automatiza ou diversifica torna sua renda mais estável, sustentável e poderosa. É assim que se passa de uma renda extra para um verdadeiro império digital — um sistema inteligente de cada vez.

A história de Caleb mostra como isso acontece na prática. Caleb nunca planejou construir um negócio. Tudo começou com um único ebook que ele criou usando ChatGPT, ensinando freelancers a escrever propostas mais fortes e conquistar clientes melhores. Ele adicionou um conjunto de exemplos prontos e vendeu o material por 19 dólares no Gumroad. No começo, era apenas um teste. Mas depois de alguns posts no LinkedIn e um fio no Twitter que ganhou atenção, as vendas começaram a aparecer.

Em dois meses, o produto havia gerado mais de dois mil dólares. Caleb percebeu então que não queria vender apenas um produto. Ele começou a pensar como um construtor de sistemas. Pediu ao ChatGPT dez ideias de produtos relacionados ao mesmo tema e público. A IA sugeriu kits de e-mails frios, scripts de negociação, checklists de onboarding de clientes e um mini curso.

Usando os mesmos fluxos de trabalho de IA, templates e sistemas de automação, Caleb criou cinco novos produtos.

Depois agrupou tudo em um pacote chamado "Freelancer Success Kit" por 47 dólares. Esse pacote começou a vender mais do que o ebook original em poucos dias.

Com o tempo, ele percebeu o poder da duplicação. Cada produto podia ser adaptado, reembalado ou reposicionado para novos públicos. Seus fluxos de trabalho não mudavam. Suas ferramentas não mudavam. Apenas a mensagem e o público eram ajustados. Ele simplesmente clonava um funil existente, substituía o conteúdo e deixava a automação funcionar.

Mesmo assim, Caleb sabia que não poderia depender apenas do Gumroad. Então decidiu diversificar. Transformou alguns ebooks em aulas em vídeo e publicou um microcurso no Teachable. Também criou um guia gratuito com ferramentas de IA que recomendava — incluindo Jasper, Canva e Pictory — com links de afiliados. O guia era oferecido em troca de e-mail e a sequência automática de mensagens promovia seus produtos, cursos e ferramentas.

Para aumentar o valor médio de cada venda, Caleb criou **ofertas em níveis**. Um pacote básico custava 27 dólares, um pacote premium custava 57 e uma masterclass com templates custava 97 dólares. O ChatGPT escreveu todas as descrições e páginas de upsell dentro do Systeme.io. Em vez de ganhar 1 dólares por venda, ele passou a ganhar em média 61 dólares por cliente.

Com o crescimento da lista de e-mails, Caleb também usou IA para personalizar a experiência dos assinantes. Ele criou categorias para redatores, designers e consultores e pediu ao ChatGPT sequências específicas para cada grupo. Os e-mails pareciam extremamente personalizados, mesmo sendo totalmente automatizados.

Para acompanhar tudo, ele criou um painel no Notion que mostrava dados de vendas do Gumroad, Teachable, Stripe e plataformas de afiliados. Com integrações via Zapier, os números eram atualizados automaticamente. Toda semana ele analisava os dados e pedia ao ChatGPT sugestões de melhoria.

Em nove meses, Caleb transformou sua renda extra em um negócio digital completo com mais de uma dúzia de produtos, três funis automatizados e várias fontes de renda. Ele não contratou ninguém e não trabalhou sessenta horas por semana. Simplesmente construiu sistemas, analisou dados e deixou a inteligência artificial fazer o resto.

Certa vez, esperando em um aeroporto para embarcar em uma viagem internacional, ele abriu seu painel de vendas no celular. Mais de quatrocentos dólares em vendas naquele dia.

Enquanto ele arrumava as malas, dirigia ou aguardava o voo, seus sistemas continuavam funcionando.

E tudo começou com apenas um produto, uma ferramenta e uma decisão simples: parar de trabalhar mais duro e começar a construir de forma mais inteligente.

Capítulo 9: Evitando o Esgotamento – Deixe a IA Ser Seu Funcionário Virtual

A automação deveria tornar a vida mais fácil. No entanto, ironicamente, muitas pessoas que começam a construir renda passiva com inteligência artificial acabam se sentindo sobrecarregadas. Elas tentam fazer tudo ao mesmo tempo, adotam muitas ferramentas diferentes, seguem todas as tendências e acabam esgotadas antes mesmo de ver resultados reais. Por isso, um dos princípios mais importantes ao construir um sistema de renda automatizado com IA não é apenas crescimento, mas **sustentabilidade**. O objetivo não é criar outro emprego para si mesmo. O objetivo é construir um sistema que funcione como um negócio — com a inteligência artificial atuando como sua equipe de suporte, não como uma fonte de estresse.

A chave é tratar suas ferramentas de IA como **funcionários virtuais**, cada uma com uma função específica e limites claros. Assim como em uma empresa tradicional, você não pediria a uma única pessoa que fizesse todo o trabalho. Cada pessoa tem um papel. O mesmo vale para a automação. O ChatGPT pode ser seu redator. O Canva pode ser seu designer. O Systeme.io pode construir seus funis de vendas. O Make.com pode cuidar das automações operacionais. O

ElevenLabs pode atuar como narrador para seus conteúdos em áudio ou vídeo. Quando cada ferramenta tem uma função clara, você pode focar em decisões estratégicas em vez de ficar preso em tarefas operacionais. Essa mudança de mentalidade — de "eu faço tudo" para "eu gerencio minha equipe de IA" — é o que diferencia criadores bem-sucedidos de freelancers constantemente estressados.

Para evitar o esgotamento, é essencial criar **sistemas que funcionem sem intervenção diária**. Uma das estratégias mais eficazes é trabalhar em blocos. Em vez de escrever conteúdo todos os dias, você pode usar IA para gerar trinta legendas para redes sociais em uma única hora e programá-las usando ferramentas como Ocoya ou as próprias ferramentas de agendamento das plataformas sociais. Da mesma forma, você pode pedir ao ChatGPT para escrever cinco artigos de blog ou newsletters de uma só vez e carregá-los em sua plataforma de automação. Assim, uma vez por semana — ou até uma vez por mês — você configura tudo e depois se afasta enquanto o sistema continua funcionando. Sua marca continua crescendo, leads continuam chegando e vendas continuam acontecendo, mas você não precisa passar o dia inteiro em frente ao computador.

Outro fator importante para evitar o burnout é **reduzir a fadiga de decisões**. A inteligência artificial pode ajudar você a parar de analisar excessivamente cada título, cada cor ou cada ideia de conteúdo. Quando estiver em dúvida, peça ao ChatGPT cinco opções e escolha uma. Pronto. Use prompts pré-definidos para criação de conteúdo para não começar do zero toda vez. Crie templates no Canva e reutilize-os em cada produto ou plataforma. Simplifique sua identidade visual, seu tom de comunicação e a estrutura de seus funis. Quanto mais padronizados forem seus sistemas, mais eficiente a IA se torna. Quanto menos decisões você precisar tomar, menos desgaste mental sentirá — e menor será o risco de esgotamento.

Também é importante estabelecer **limites claros com o seu próprio negócio**. Só porque a IA permite trabalhar mais rápido não significa que você deve trabalhar o tempo todo. Defina um cronograma e respeite-o. Você pode dedicar um dia por semana como seu "dia de CEO" para revisar métricas, conteúdo e resultados. No restante da semana, deixe os sistemas automatizados operarem. Ferramentas como Notion, ClickUp ou Trello podem ajudar a acompanhar tarefas e progresso com apoio da IA. É importante lembrar que construir uma renda passiva é uma maratona, não uma corrida de velocidade. O descanso faz parte do processo. Na verdade, ele se torna uma vantagem competitiva, porque quando você está descansado pensa melhor, cria com mais clareza e toma decisões mais inteligentes.

Outra estratégia essencial para evitar o esgotamento é **delegar tarefas por meio da automação**. Se existem tarefas recorrentes que causam estresse — como responder e-mails, enviar downloads digitais ou entregar bônus aos clientes — automatize completamente essas atividades. Use Make.com ou Zapier para disparar respostas automáticas. Permita que seu CRM envie sequências de acompanhamento. Configure políticas de reembolso automáticas em plataformas como Gumroad. Sempre faça a seguinte pergunta: "Isso precisa ser feito por mim ou pode ser feito por um sistema?" Na maioria das vezes, a resposta será automação. O objetivo não é desaparecer completamente do negócio, mas libertar-se das tarefas que não precisam da sua mente criativa.

Talvez o ponto mais importante seja **permitir-se avançar com calma**. Muitas pessoas querem sucesso imediato, mas resultados sustentáveis e sem estresse são construídos com progresso constante e consistente. Se você cria um novo produto por mês, automatiza seu funil e o promove com conteúdo gerado por IA, está construindo um portfólio que cresce ao longo do tempo. Você não precisa de milhares de seguidores ou de um vídeo viral para ter sucesso. Precisa de sistemas que se acumulam, renda que se repete e um negócio que melhora sua vida em vez de consumi-la.

No final, o maior benefício da automação com inteligência artificial não é apenas financeiro. É **margem**. Espaço para pensar, liberdade para escolher e tempo para viver. Isso acontece quando você deixa de correr atrás de tarefas e começa a construir sistemas. Você não trabalha desesperadamente por renda — você orienta o fluxo. Você não reage ao trabalho — você o aperfeiçoa continuamente. Cada ferramenta existe apenas para servir à sua visão, não para consumir sua energia.

A história de Alyssa ilustra bem esse ponto. Alyssa começou com um pequeno negócio digital vendendo templates do Canva no Etsy e planners imprimíveis no Gumroad. No início, usar ferramentas de IA para criar conteúdo, escrever descrições e automatizar e-mails parecia libertador. Ela finalmente estava construindo algo próprio. Porém, o sucesso chegou mais rápido do que imaginava.

As vendas começaram a crescer rapidamente. Em pouco tempo, ela estava lidando com problemas técnicos, respondendo perguntas de clientes, atualizando páginas de vendas, criando novos conteúdos e gravando tutoriais. Sua caixa de entrada nunca ficava vazia e sua lista de tarefas parecia interminável. O mais irônico era que ela havia começado esse negócio para escapar do burnout do emprego corporativo — e agora estava novamente exausta.

Certa noite, às duas da manhã, ela fechou o laptop e percebeu que algo precisava mudar. Passara horas respondendo pedidos de reembolso, corrigindo automações e atualizando páginas de vendas. Não havia jantado e mal havia saído da cadeira. Aquilo não era liberdade. Era apenas outro tipo de prisão.

Na manhã seguinte, ela escreveu uma pergunta em uma folha de papel: "O que estou fazendo que a IA poderia fazer no meu lugar?" A lista foi maior do que imaginava. E-mails, legendas, descrições de produtos, respostas para clientes, textos de upsell e artigos de blog. Ela percebeu que estava usando a IA apenas como uma ferramenta ocasional, quando na verdade deveria usá-la como uma equipe completa.

Então reorganizou seu negócio como um verdadeiro CEO faria. ChatGPT tornou-se seu redator. Canva ficou responsável pelo design. Make.com passou a cuidar das automações operacionais. ElevenLabs narrou seus tutoriais. MailerLite assumiu o gerenciamento de clientes. Systeme.io cuidou dos funis de vendas.

Ela também reorganizou sua rotina. Segundas-feiras eram para criar conteúdo em lote. Terças para programar e-mails e redes sociais. Quartas para analisar métricas. Quintas para descanso. Sextas para planejamento estratégico. Todo o restante do trabalho foi automatizado.

Em vez de escrever e-mails semanalmente, ela pedia ao ChatGPT quatro newsletters por mês de uma só vez. Predis.ai transformava esses conteúdos em posts para redes sociais e pins para o Pinterest. O sistema publicava automaticamente. Perguntas de clientes eram respondidas por um chatbot treinado com seu conteúdo. Downloads eram enviados automaticamente. Sua função deixou de ser executar tarefas e passou a ser supervisionar sistemas.

Três semanas depois de implementar essa nova estrutura, algo inesperado aconteceu. Em uma tarde, ela percebeu que não tinha nenhuma tarefa urgente. Pela primeira vez em meses, tirou um cochilo no meio do dia. Quando acordou, verificou o celular e viu vendas realizadas, novos inscritos na lista de e-mails e avaliações positivas de clientes — tudo acontecendo automaticamente.

Com o tempo, seu negócio ficou mais leve. A renda tornou-se mais estável. Ela voltou a aproveitar o processo criativo. Criava porque queria, não porque precisava. E os clientes também ficaram mais satisfeitos, pois suas perguntas eram respondidas instantaneamente e os produtos eram entregues imediatamente.

Hoje Alyssa compartilha sua história para alertar outros criadores. O burnout não acontece apenas por trabalhar demais. Ele acontece quando você faz repetidamente tarefas que poderiam ser automatizadas. Quando trata seu negócio como uma lista interminável de tarefas em vez de um sistema inteligente.

Ela não trabalha mais doze horas por dia. Na verdade, sua renda cresceu depois que reorganizou tudo. Isso aconteceu porque ela escalou a si mesma usando inteligência artificial como uma equipe virtual. Agora, quando abre o laptop, não sente ansiedade. Sente clareza. Não está trabalhando mais — está trabalhando de forma mais inteligente.

Capítulo 10: A Visão de Longo Prazo — Construindo Sistemas que Duram

É fácil se deixar levar pela empolgação das vitórias rápidas — sua primeira venda, seu primeiro mês de mil dólares ou seu primeiro vídeo viral. Mas o verdadeiro poder da automação não está na velocidade. Está na **estabilidade**. O que realmente importa não é apenas construir sistemas que funcionem hoje, mas construir sistemas que continuem funcionando mesmo quando a tecnologia evolui, as plataformas mudam e sua vida fica mais ocupada. Este capítulo trata de criar raízes, não apenas colher resultados imediatos. Trata-se de usar a inteligência artificial não apenas para gerar renda rápida, mas para construir riqueza de longo prazo, liberdade e tranquilidade.

Para construir sistemas duradouros, você precisa começar a pensar em **infraestrutura**, não apenas em projetos isolados. Cada fluxo de trabalho que você cria, cada produto que lança e cada audiência que desenvolve deve fazer parte de uma visão maior — uma em que seu negócio se torna um organismo vivo que se torna mais inteligente, mais valioso e mais escalável com o tempo. Isso significa documentar seus sistemas, transformar seus lançamentos bem-sucedidos em templates reutilizáveis e armazenar seus melhores e-mails, prompts, designs e ativos para uso futuro. Seu trabalho passado não deve desaparecer. Ele deve **se acumular e gerar valor continuamente**.

Um ecossistema sustentável de renda com IA geralmente possui cinco pilares fundamentais: **produtos evergreen, conteúdo evergreen, funis automatizados, plataformas diversificadas e fluxos de trabalho repetíveis**. Produtos evergreen, como templates, ebooks e kits de ferramentas, podem ser vendidos por anos com poucas atualizações. Conteúdo evergreen, como artigos otimizados para SEO, vídeos educacionais e tutoriais detalhados, continua atraindo novos clientes sem exigir publicações constantes. Funis automatizados transformam esse tráfego em receita. Plataformas diversificadas — como Gumroad, Udemy, Amazon e YouTube — oferecem diferentes caminhos de monetização evitando dependência de apenas uma fonte. E fluxos de trabalho repetíveis transformam cada sucesso em um modelo que pode ser aplicado novamente.

Uma maneira poderosa de preparar seus sistemas para o futuro é **atualizar regularmente suas ferramentas de IA e treiná-las com o conteúdo do seu próprio negócio**. Por exemplo, depois de criar vários produtos e dezenas de e-mails, você pode inserir todo esse material em ferramentas como Chatbase ou em um GPT personalizado. Isso cria um assistente que conhece seu estilo, seus produtos e seu público-alvo. Em vez de começar do zero sempre que precisar criar conteúdo, você poderá consultar sua própria base de conhecimento através da IA. Seu histórico se torna um recurso valioso, e seu negócio passa a funcionar como um sistema que aprende continuamente.

Também é importante revisar periodicamente sua **estrutura principal de ferramentas**. Seus funis ainda convertem? Seus e-mails automatizados continuam alinhados com seus produtos? Seu conteúdo ainda gera tráfego? A inteligência artificial pode ajudar a interpretar dados, analisar testes A/B e compreender o comportamento dos usuários. Reserve um momento semanal ou mensal — seu "dia de CEO" — para revisar métricas, compartilhar os dados com o ChatGPT e pedir sugestões de melhoria. Sistemas de longo prazo não são estáticos. Eles evoluem com o tempo.

Proteger seus sistemas é tão importante quanto criá-los. Isso significa fazer backups regulares de seus conteúdos, diversificar onde seus produtos são hospedados e criar planos alternativos. Se uma plataforma mudar suas regras, você tem outra opção? Se um algoritmo reduzir seu alcance, você possui uma lista de e-mails ou outro canal de tráfego? Quanto mais flexível for seu sistema, mais difícil será quebrá-lo. Automação de longo prazo exige **resiliência**, não rigidez.

Outro elemento essencial da sustentabilidade é **a sustentabilidade pessoal**. Um negócio que gera dinheiro, mas consome todo o seu tempo e energia, não é realmente uma solução de longo prazo. Por isso, cada sistema automatizado deve ser construído considerando o estilo de vida que você deseja. Talvez você queira viajar, passar mais tempo com a família ou criar conteúdo sem pressão constante. Suas prioridades pessoais devem orientar a estrutura do seu negócio. A automação permite trabalhar em seus próprios termos — mas somente se você definir esses termos claramente.

No final, construir sistemas duradouros não é sobre perfeição, mas sobre **progresso contínuo**. É construir uma vez, melhorar frequentemente e acumular decisões inteligentes. A inteligência artificial não é apenas uma ferramenta de produtividade — ela pode ser uma parceira de crescimento. Quando seus sistemas evoluem, sua liberdade também cresce. O que você constrói hoje, se estruturado corretamente, pode continuar gerando renda por muitos anos. Essa é a visão. Esse é o caminho.

A história de Maya mostra como isso funciona na prática. Maya estava sentada em um banco de madeira com vista para a Costa Amalfitana, tomando um espresso enquanto seu telefone vibrava com notificações de vendas. Ela estava em sua terceira semana de um sabático de três meses, viajando sem pressa e sem laptop. As vendas continuavam acontecendo mesmo enquanto ela caminhava pelas ruas de pedra da cidade.

Mas nem sempre foi assim. Quando começou a vender templates digitais e ferramentas de escrita com IA, Maya entrou no mesmo ciclo que muitos criadores online enfrentam: lançar, atualizar, promover e repetir. Durante algum tempo, funcionou. As vendas apareciam rapidamente. Mas a pressão também aumentava. Cada mês parecia uma corrida constante. Ela percebeu que se parasse de trabalhar, o negócio também pararia.

Tudo mudou depois de uma conversa com outro criador em um evento. Ele perguntou algo simples: "E se seu melhor conteúdo continuasse trabalhando para você mesmo quando você parasse?" Essa pergunta mudou sua perspectiva.

Quando voltou para casa, Maya revisou tudo que já havia criado: produtos, artigos, vídeos, e-mails e prompts. Organizou tudo no Notion e criou uma nova estrutura baseada em produtos evergreen, funis evergreen e conteúdo evergreen. Ela também treinou um assistente de IA usando Chatbase com seus próprios textos e materiais. Agora, quando precisava escrever um novo e-mail, seu chatbot podia gerar algo alinhado com sua voz e com aquilo que já havia funcionado antes.

Depois disso, simplificou sua estrutura tecnológica. Usou Systeme.io para gerenciar funis e e-mails, Gumroad e Payhip para diversificar vendas e ferramentas como Pictory e Canva para reutilizar conteúdos em diferentes plataformas. Tudo passou a funcionar de forma integrada. Quando alguém baixava seu material gratuito, entrava automaticamente em um funil que apresentava suas três melhores ofertas. Se comprasse, o sistema iniciava uma sequência de acompanhamento. Se não comprasse, novos e-mails eram enviados com ofertas alternativas ou recomendações.

O mais surpreendente para Maya não foi apenas a renda, mas a **facilidade**. Seu trabalho semanal diminuiu drasticamente. Ela passou a ter tempo para pensar, descansar e criar por prazer, não por obrigação. Mesmo quando mudanças de algoritmos ou quedas de vendas aconteciam, seu sistema tinha caminhos alternativos.

Agora, sentada diante do mar na Itália, ela sentia uma profunda tranquilidade. Seu negócio não era mais uma corrida constante. Era uma máquina de valor que apoiava sua vida em vez de consumi-la.

Antes de guardar o celular, ela olhou mais uma vez para o painel de vendas. Os números estavam estáveis. Os sistemas continuavam funcionando. E sua próxima ideia de produto poderia esperar.

Porque ela havia feito o trabalho mais importante: **construir algo que realmente dura**.

Capítulo 11: O Que Acontece Agora

Agora você já viu o que é possível. Você aprendeu a identificar fontes de renda que podem ser automatizadas. Explorou ferramentas que permitem criar, lançar e promover produtos com quase nenhum esforço manual. Viu como a inteligência artificial pode escrever, projetar, entregar, vender, oferecer suporte e escalar um negócio inteiro. E conheceu histórias de pessoas — pessoas comuns — que transformaram suas vidas ao fazer apenas uma coisa diferente: **pararam de correr atrás de trabalho constante e começaram a construir sistemas**. Então surge a pergunta natural: **o que acontece agora?**

A verdade é que nada acontece — **a menos que você faça acontecer**. Conhecimento não é poder. **Execução é poder.** Este livro não foi feito para ser apenas uma experiência passiva de leitura ou audição. Ele é um **mapa**. Cada capítulo é um checklist. Cada exemplo é um ponto de partida. E cada ferramenta já está disponível esperando que você a utilize. A oportunidade está diante de você — não daqui a seis meses, não depois de assistir mais tutoriais, não quando você achar que “entendeu tudo perfeitamente”. **Agora.** Com o que você já sabe e com as ferramentas que agora estão em suas mãos, você pode construir algo real. Algo lucrativo. Algo que liberte o seu tempo em vez de consumi-lo.

O próximo passo é simples: **escolha uma ideia — apenas uma**. Comece com um produto digital simples: um planner, um ebook, um checklist, um template ou um pequeno curso. Use o ChatGPT para planejar. Use o Canva para criar o design. Use Gumroad ou Systeme.io para hospedar. Use Make.com para automatizar o processo. Não pense demais. Não duvide de si mesmo. Construa o **MVP — o produto mínimo viável**. Lance-o. Depois você melhora. Se agir rápido, pode estar ganhando dinheiro em poucos dias, não em meses.

Quando seu primeiro produto estiver no ar, comece a pensar como um **construtor de sistemas**. Pergunte a si mesmo:
Como posso gerar tráfego sem precisar ficar preso ao celular o dia inteiro?
Como posso criar um funil que eduque e venda para mim automaticamente?
Como posso usar IA para gerar posts, vídeos, blogs e e-mails sem me esgotar?

A resposta não é fazer mais coisas. **É criar mais sistemas.** Quando o primeiro fluxo funcionar, replique. Ajuste. Multiplique. Em pouco tempo você não terá apenas um produto — terá **um portfólio de ativos digitais**. E perceberá que não precisa de uma equipe enorme. Precisa apenas de **ferramentas usadas com propósito**.

Em cada etapa, lembre-se de algo importante: **a IA é sua parceira de negócios**. Seu cofundador silencioso. Seu assistente mais confiável. Ela não tira férias, não fica sobrecarregada e não julga suas ideias. Mas ela também não lidera. **Você lidera.** A IA não cria a visão — ela ajuda você a executá-la mais rápido, com mais inteligência e menos atrito. Seu papel é ser o estrategista. O arquiteto. O CEO. Deixe os bots cuidarem das tarefas repetitivas para que você possa focar na direção.

Também é importante, de vez em quando, dar um passo para trás e lembrar **por que você começou**. Para algumas pessoas, o objetivo é sair de um emprego. Para outras, é passar mais tempo com a família, viajar pelo mundo ou simplesmente recuperar o controle sobre o próprio tempo. Seja qual for o seu motivo, automação não é apenas uma técnica — **é uma filosofia**. É escolher construir algo uma vez e ser pago repetidamente. É recusar a ideia de que a única maneira de ganhar dinheiro é trocar tempo por trabalho.

E há algo ainda mais importante: **você ainda está no começo desta revolução**. A onda da inteligência artificial está apenas começando. Os criadores e empreendedores que começarem agora — que construírem sistemas agora — serão aqueles que colherão os maiores benefícios à medida que essas ferramentas evoluírem.

A janela está aberta.

A pergunta não é se a IA pode complementar ou substituir sua renda.
A pergunta é: **você vai usá-la para construir algo que dure?**

Então volte ao capítulo um.
Ou vá direto ao capítulo três e comece a criar seu primeiro funil.
Releia a história que mais inspirou você.

E quando estiver pronto para agir, comece pequeno.
Depois continue consistente.

Porque todo grande negócio digital automatizado começou da mesma forma:

Uma decisão.
Um produto.
Um sistema.
E uma pessoa comum que decidiu começar.

www.ingramcontent.com/pod-product-compliance
Lightning Source LLC
LaVergne TN
LVHW010842051026
849532LV00007B/2795